공민왕은 원나라의 간섭에서
벗어나기 위해 개혁 정치를 펼쳤어요.
원나라가 고려에 두었던 정동행성을 없애고
쌍성총관부를 공격하여 철령 이북 땅을
되찾았지요. 또 원나라 관제를 없애고
몽골식 생활 풍습도 금지했어요. 하지만
공민왕의 개혁 정치는 실패했고, 이로 인해
고려 왕조는 마지막을 향해 치닫게 되었어요.

추천 감수 박현숙(고대사)

고려대학교 사범대학 역사교육과를 졸업하고 동 대학원에서 문학박사 학위를 받았습니다. 현재 고려대학교 사범대학 역사교육과 교수로 재직 중이며, 백제 문화와 고대 인물사 등에 대한 활발한 연구를 계속하고 있습니다. 쓴 책으로 〈백제의 중앙과 지방〉, 〈한국사의 재조명〉 등이 있습니다.

추천 감수 정구복(고려사 · 조선사)

서울대학교 사범대학 역사교육과를 졸업하고 서강대학교에서 문학박사 학위를 받았습니다. 한국학중앙연구원 한국학대학원의 교수로 재직 중이며, 한국학중앙연구원 한국학대학원 원장을 역임하였습니다. 쓴 책으로 〈한국인의 역사 의식〉, 〈역주 삼국사기〉, 〈한국 중세 사학사 1, 2〉 등이 있습니다.

추천 감수 김한종(근현대사)

서울대학교 사범대학 역사교육과를 졸업하고 동 대학원에서 역사교육을 전공하여 문학박사 학위를 받았습니다. 현재 한국교원대학교 교수로 재직 중입니다. 쓴 책으로 〈역사 교육 과정과 교과서 연구〉, 〈역사 교육의 내용과 방법〉(공저), 〈한 · 중 · 일 3국의 근대사 인식과 역사 교육〉(공저), 〈역사 교육과 역사 인식〉(공저) 등이 있습니다.

고증 문중양(과학사)

서울대학교 계산통계학과를 졸업하고 동 대학원에서 이학박사 학위를 받았습니다. 쓴 책으로 〈우리 역사 과학 기행〉, 〈우리의 과학문화재〉(공저), 〈세종의 국가 경영〉(공저) 등이 있습니다.

고증 정연식(생활사 및 복식)

서울대학교 국사학과를 졸업하고 동 대학원에서 문학박사 학위를 받았습니다. 쓴 책으로 〈조선 시대 사람들은 어떻게 살았을까?〉(공저), 〈일상으로 본 조선 시대 이야기 1, 2〉 등이 있습니다.

글 박영규

1996년 밀리언셀러 〈한권으로 읽는 조선왕조실록〉을 출간한 이후 〈한권으로 읽는 고려왕조실록〉, 〈한권으로 읽는 백제왕조실록〉, 〈한권으로 읽는 신라왕조실록〉 등 '한권으로 읽는 역사 시리즈'를 펴내면서 쉽고 재미있는 역사책 읽기의 바람을 일으켰습니다. 그 외에도 〈교양으로 읽는 한국사〉 등의 많은 역사책을 썼습니다.

그림 최민호

한국예술종합대학 영상원에서 애니메이션을 공부하였으며 신한 새싹만화상 동상을 수상하였습니다. 서울 국제 만화 페스티벌에서 전시회를 열었으며 그린 책으로 〈빨간 모자〉, 〈걸리버 여행기〉, 〈당나귀의 어설픈 재주〉, 〈숲속의 명탐정〉, 〈보물섬〉 등이 있습니다.

이미지 제공

연합포토, 중앙포토, 국립중앙박물관, 국립부여박물관, 국립경주박물관, 국립민속박물관, 유연태(사진작가), 허용선(사진작가)

광개토 대왕 이야기 한국사 41 고려

벼랑 끝에 서 있는 고려

총기획 및 발행인 박연환
발행처 (주)한국헤르만헤세
출판등록 제17-354호
연구개발원 경기도 성남시 분당구 금곡동 444-148
대표전화 (031)715-7722
팩스 (031)786-1100
본사 서울시 송파구 석촌동 7-3
대표전화 (02)470-7722
팩스 (02)470-8338
고객문의 080-715-7722
편집 임미옥, 백영민, 윤현주, 지수진, 최영란
디자인 장월영, 주문배, 김덕준, 김지은

ⓒ Korea Hermannhesse

이 책의 표지는 일반 용지보다 1.5배 이상 고가의 고급 용지인 드라이보드지를 사용해 제작하였습니다. 표지를 드라이보드지로 제작하면 습기의 영향을 덜 받기 때문에 본문 용지가 잘 울지 않고, 모양이 뒤틀리지 않아 책을 오랫동안 보존할 수 있습니다.

이 책은 기존의 석유 잉크 대신 친환경 식물성 원료인 대두유 잉크를 사용하여 인쇄하였습니다. 대두유 잉크는 선진국에서 널리 사용하고 있는 고가의 대체 잉크로, 휘발성이 적어 인쇄 상태의 보존이 용이하고, 인체에 무해할 뿐만 아니라 눈에 부담을 주지 않는 자연스러운 색을 내는 특징이 있습니다.

벼랑 끝에 서 있는
고려

감수 **정구복** | 글 **박영규** | 그림 **최민호**

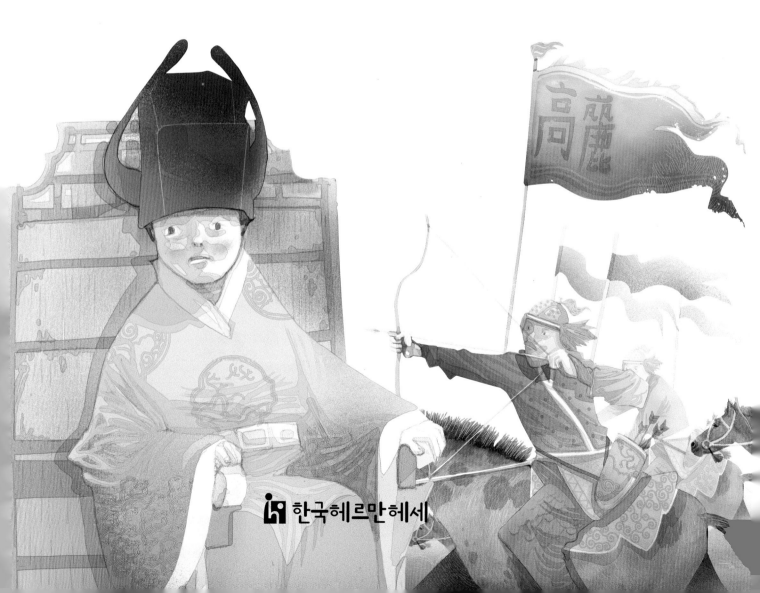

한국헤르만헤세

못된 짓을 일삼은 충혜왕

폭군 노릇을 하다가 쫓겨나다

충혜왕은 충숙왕과 명덕 태후의 장남으로 태어났어요.

1330년 2월, 충숙왕이 병들어 몸져눕자 왕이 되었어요.

이때 충혜왕의 나이는 16세였어요.

충혜왕은 왕이 될 만한 그릇이 아니었어요.

왕이 되고 나서도 6일 동안이나 나랏일은 뒤로한 채 사냥을 하러

다니고 내시들과 어울려 씨름을 하며 놀기만 했거든요.

"폐하, 놀기만 하면 역사를 기록하는 사관들이
뭐라고 쓰겠습니까?"

"사관들이 내 곁에 오지 못하도록
하면 될 게 아니냐?"

충혜왕의 이런 행동이 알려지자

원나라 왕실에서는 충숙왕을 왕위에

앉히고, 충혜왕을 불러들여

교육을 시켰어요.

"여기 머무는 동안 나라를 어떻게
다스리는지 잘 보고 배워라."

세자로 원나라에
볼모로 가 있었던 게
불만이었나?

그럴지도….

원나라에서도 충혜왕이 계속 못되게 굴자,

원나라 왕실은 충혜왕을 포기하고 고려로 돌려보냈어요.

1339년에 충숙왕이 죽자 충혜왕은 다시 왕위에 올랐어요.

이때부터 충혜왕은 온갖 못된 짓을 일삼았어요.

보다 못한 경화 공주가 이 사실을 원나라에 알리려 했어요.

충혜왕은 경화 공주가 원나라로 가지 못하게 미리 손을 썼어요.

"고려의 일을 원나라에 고자질하겠다 이 말이구나!"

그 무렵, 원나라 사신이 고려를 찾아왔어요.

충혜왕이 다시 왕이 된 것을 공식으로 인정하기 위해서였지요.

경화 공주는 이때를 놓치지 않고 충혜왕의 못된 짓을 일러바쳤어요.

화가 난 사신은 즉시 충혜왕과 그 신하들을

원나라로 끌고 갔어요.

결국 충혜왕은 1340년 3월 원나라

감옥에 갇히는 신세가 되었어요.

그 후 충혜왕은 원나라의 권력자

탈탈대부의 도움을 받아

다시 고려로 돌아왔어요.

고려로 돌아온 충혜왕은

조금도 뉘우치지 않고 예전과

똑같이 못된 짓을 일삼았어요.

충혜왕은 나랏돈을 물 쓰듯 썼어요.

날마다 잔치를 열고 사냥과 수박희를 즐겼어요.

연회장을 만든다고 백성들의 집 100여 채를 헐어 버리기도 했어요.

"왕의 행동을 더 이상 두고 볼 수 없다."

현효도가 충혜왕을 몰래 죽이려고 했지만 실패했어요.

그 후 기철은 충혜왕을 끌어내려 달라는 편지를 원나라에 보냈어요.

원나라 조정은 충혜왕을 원나라로 잡아들이기로 했어요.

고려로 온 원나라 사신들은 혹시라도 충혜왕이 달아나거나 저항할까 봐 황제의 편지를 가져왔다고 속였어요.

충혜왕은 아무런 의심 없이 이들을 마중하러 나갔지요.

그 순간 원나라 사신은 함께 온 군사에게 말했어요.

"고려 왕을 묶어라."

"네 이놈, 무슨 짓이냐!"

"시끄럽다. 네가 아직도 고려 왕인 줄 아느냐!"

원나라 군사는 충혜왕에게 발길질을 하며 밧줄로 꽁꽁 묶어 버렸어요.

이때 충혜왕을 지키던 무장들이 말했어요.

"고려 왕께 이게 무슨 횡포요?"

"가로막는 자는 모두 죽여라!"

충혜왕을 지키던 무장들은 원나라 군사들에게 죽임을 당했어요.

1343년 12월, 충혜왕은 강제로 원나라로 끌려갔어요.

원나라 황제는 충혜왕을 꾸짖으며 귀양을 보냈어요.

"그대는 왕으로서 백성들을 괴롭힌 것이 너무 심하여 게양으로 귀양 보내는 것이니, 나를 원망하지 마라."

게양은 원나라 수도 연경에서 2만 리나 떨어진 곳이에요.

충혜왕은 1344년 게양으로 귀양을 가는 도중에 목숨을 잃었어요.

아무리 폭군이었다고는 하지만 한 나라의 왕으로서 비참한 최후였어요.

이것이 바로 속국인 고려의 현실이었어요.

여덟 살에 왕이 된 충목왕

충목왕과 어머니 덕녕 공주

1344년에 충혜왕이 죽자 충혜왕의 맏아들인 흔이 왕위에 올랐어요.

그가 바로 고려 제29대 충목왕이에요.

이때 충목왕의 나이는 겨우 8세였어요.

어린 충목왕을 대신해 어머니인 덕녕 공주가 나랏일을 보았어요.

"충혜왕과 가까이 지내던 신하들의 벼슬을 빼앗고
죄가 있는 자들은 귀양을 보내라!"

덕녕 공주는 새로운 인재들로 조정을 채워 나라의 기강을
바로잡았어요.

충목왕은 신하 수십 명으로부터 정치와 예절을 익혔어요.

덕녕 공주는 충혜왕이 새로 지은 사치스러운 궁궐을 헐고
그 자리에 학문을 연구하는 숭문관을 세웠어요.

그리고 학자들로 하여금 충렬왕, 충선왕, 충숙왕 3대에 걸친 역사책을
편찬하도록 했어요.

1347년에는 인구를 조사하고 토지를 측정하게 했어요.

세금을 정확하게 걷어 나라 살림을 일으키려고 한 거예요.

하지만 충목왕은 12세에 병이 들어 세상을 떠나고 말았답니다.

11

불안한 정세 속의 충정왕

어린 나이에 죽임을 당하다

충목왕이 병으로 죽자, 동생인 왕저가 왕위에 올랐어요.

그가 바로 제30대 충정왕이에요.

충정왕은 충혜왕과 희비 윤씨 사이에서 둘째로 태어났어요.

충목왕과는 배다른 형제였지요.

충정왕이 12세에 왕위에 오르자 충목왕 때부터 나랏일을 하던

덕녕 공주와 희비 윤씨 사이에 치열한 다툼이 벌어졌어요.

덕녕 공주는 원나라가 일본 정벌을 위해 만든 정동행성을

바탕으로 세력을 늘려 갔고, 희비 윤씨는

왕실을 중심으로 세력을 키웠어요.

1349년에는 희비 윤씨를 위해

경순부라는 관청이 생기기도

했어요.

남쪽 해안에서는 왜구가

침략하여 나라가 뒤숭숭했어요.

왜구는 고성, 죽림, 거제 등지에서

백성들의 재산을 빼앗았어요.

애써 키운 권력을 희비 윤씨에게 넘길 수야 없지.

내 아들이 왕인데, 누가 권력을 갖겠대?

고려 조정에서는 최선과 양관에게 왜구'를 무찌르게 했어요.

그러나 왜구의 침입은 더욱 늘어났어요.

1350년 3월, 고려 조정은 이권을 경상·전라도 도지위사로,

유탁을 전라·양광도 도순문사로 보내 왜구를 막도록 했어요.

왜구는 우리나라 해안에 나타나 집을 불태우고 백성들을 잡아갔어요

이렇게 왜구가 들끓어도 고려 조정은 아무것도 할 수 없었어요.

관리들은 왜구를 무찌르기는커녕 도망가기 바빴어요. 그러자 원나라

순제는 충정왕을 쫓아내고 왕기를 새 왕으로 세웠어요.

그가 바로 공민왕이에요.

내쫓긴 충정왕은 15세에

죽임을 당했어요.

▲ 고려 말 왜구의 침입

백두산
길주
익주
귀주
철주
신주
안북부
곽주
통주
동 해
서경
황주
해주
황 해
남경
명주
울진
충주
안동
홍산
진포
동경
전주
함양
운봉 진주 고성
해양
쓰시마 섬
탁남

그만
쳐들어와!

어지러운 고려를
바로잡으리라.

고려

왜

원나라의 지배에서 벗어난 공민왕

원나라가 약해지다

공민왕은 충숙왕과 명덕 태후 사이에서 둘째로 태어났어요.
나라가 혼란스럽던 때 원나라 조정에 의해 왕위에 올랐지요.
공민왕에게는 큰 꿈이 있었어요.
'잃어버린 왕권을 되찾아야 한다.
원나라의 지배를 받는 허수아비 왕이 아니라
고려를 일으켜 세우는 참다운 왕이 되어야 한다.'

▲ 공민왕이 그린 〈천산대렵도〉

이렇게 생각한 공민왕은 개혁 정치를 펼치기 시작했어요.
"무신들이 권력을 휘두르기 위해 만든 정방을 없애라.
귀족들이 강제로 빼앗은 토지를 원래 주인에게 돌려주어라.
억울하게 노비가 된 자들은 풀어 주어라!"

원나라는 공민왕의 개혁에 가장 큰 걸림돌이 되었어요.

'원나라의 지배에서 벗어나야 우리 고려가 바로 설 수 있다!'

이렇게 생각한 공민왕은 온 나라에 명령을 내렸어요.

"원나라의 풍속을 따라 변발을 하거나 옷을 입는 것을 금지하라!"

원나라가 고려에 만든 정동행성도 없앴어요.

또한 쌍성총관부를 없애고, 북부 지역의 영토를 되찾기 시작했어요.

이때 이성계의 아버지 이자춘이 큰 공을 세웠어요.

"반드시 고려의 영토를 되찾아 폐하의 꿈을 이루어 드리겠나이다."

공민왕이 이렇게 할 수 있었던 것은 원나라가 약해졌기 때문이에요.

▲ 공민왕이 되찾은 영토

원나라의 지배에서 벗어나 고려의 자주성을 되찾읍시다!

아니 저것들이!

하지만 거대한 원나라가 고려를 가만히 둘 리 없었어요.

"80만 군대를 이끌고 내려가 고려를 치겠다!"

하지만 공민왕은 눈 하나 깜짝하지 않았어요.

"원나라는 이미 기울고 있다. 사방에서 홍건적이 들고일어나
우리 고려를 공격할 여유가 없을 것이다."

공민왕은 개성 주변에 성을 쌓고 결사 항전을 준비했어요.

1356년 7월에는 동북면 병마사로 하여금 쌍성을 무너뜨리고
고종 때 빼앗겼던 북부 지역의 일부 땅도 되찾았어요.

그러자 원나라 사신이 달려왔어요.

"북부 지역으로 원나라 사람들이 오갈 수 있도록 해 주시오."

"80만 대군으로 고려를 치겠다던 기세는 어디로 가셨습니까?"

공민왕은 더욱 자신감을 얻었어요.

원나라의 요청을 거부하고 쌍성 지역의 땅은 고려 땅이라고
강조했지요.

하지만 고려가 계속 원나라와 적으로 지낼 수 없는 사정이 생겼어요.

중국의 홍건적이 고려까지 쳐들어온 거예요.

결국 고려는 원나라와 다시 손을 잡을 수밖에 없었고,

공민왕이 이루어 놓은 개혁은 예전으로 되돌아갔어요.

원나라 편에 선 사람들

공민왕은 원나라의 시대가 끝나고 있음을 알고 있었어요.

그래서 왕이 되자마자 개혁 정책을 강하게 펼쳤어요.

공민왕은 가장 먼저 정방을 없앴어요.

정방은 무신들이 자기들 마음대로 관리를 뽑기 위해 만든 기관이었어요.

공민왕은 왕이 관리에게 벼슬을 내리는 권한을 되찾았어요.

그러자 원나라에 기대어 권력을 휘두르던 사람들이 반발했어요.

그 대표적인 인물이 바로 조일신이에요.

"폐하, 정방을 다시 두어 순조롭게 나라를 이끌어야 할 것입니다."

공민왕은 조일신이 왜 그런 말을 하는지 뻔히 알고 있었어요.

"옛 제도를 되살린 지 며칠도 되지 않아 바꾸면 웃음거리밖에

안 될 것이오. 그대는 부탁할 일이 있거든 내게 말하시오."

그러자 조일신이 화를 냈어요.

"제 말을 듣지 않으시니 무슨 면목으로 원나라 조정을 보겠습니까?"

원나라를 등에 업고 있는 조일신은 곧 관직을 그만두었어요.

조일신은 권력을 잡기 위해 새로운 계획을 꾸몄어요.

경쟁 세력인 기철 일파를 없애고 조정을 차지하려고 했지요.

19

1352년 9월, 조일신은 자객을 보내 기철 일파를 죽이려 했어요.
조일신은 비록 기철은 놓쳤지만, 그 무리의 핵심 인물인 기원을 죽이고
곧장 궁궐로 쳐들어가 공민왕을 붙잡았어요.
"이제부터 저와 나랏일을 함께 하시지요."
"왕에게 어찌 이럴 수 있단 말이오?"
"다 고려를 위한 일입니다.

이렇게
당할 줄이야….

강대국 원나라를 무시하고 어찌 고려를 살릴 수 있겠습니까?"
조일신은 공민왕을 협박하여 스스로 우정승 자리에 올랐어요.
그리고 자기 부하들을 모두 중요한 관직에 앉혔어요.
'언제까지 원나라에 빌붙어 살려느냐? 고려를 위해,
고려의 백성을 위해 너를 죽일 수밖에 없구나!'
때를 기다리던 공민왕은 김첨수를 시켜 조일신을 죽이고
다시 왕권을 되찾았어요. 그러고는 원나라의 지배에서
벗어나기 위한 개혁 정책을 더욱 강하게 펼쳤어요.
그런데 이번에는 기철이 공민왕의 정책을 반대하고
나섰어요.
기철 역시 조일신이 사라지자 다시 권력을
되찾으려고 했던 거예요.
기철은 누이동생이 원나라 황후가 되면서
권력을 얻은 인물이에요.

20

따라서 공민왕이 원나라를 멀리하며 펼치는 개혁에 반대했어요.
기철은 쌍성총관부의 군사를 동원하여 공민왕을 죽이고자 했어요.
이때 기철의 계획을 가로막고 나선 사람은 쌍성총관부 관직에 있던
이자춘이었어요.

이자춘은 기철이 쌍성총관부 군사를 동원할 수 없도록 했어요.

기철의 반란 계획을 알게 된 공민왕은 1356년 3월,

이자춘을 시켜 기철 세력을 모두 없애 버렸어요.

그 후에도 공민왕의 정책에 반대하는 반란은 계속되었어요.

1363년에는 김용이, 1364년에는 원나라 기 황후의 지시를 받은 최유가

반란을 일으켰어요.

최유는 고려의 뛰어난 무장 최영에게 패하여 원나라로 도망갔어요.

그러나 원나라 순제는 최유를 붙잡아 고려로 돌려보냈어요.

고려와 싸울 경우 원나라가 패할 수도 있다는 두려움 때문이었어요.

원나라는 더 이상 고려를 지배할 만한 힘이 없었어요.

개혁 정치를 이끈 이제현과 신돈

공민왕은 신하들의 도움으로 개혁 정치를 펼칠 수 있었어요.

그중에 손꼽을 수 있는 사람이 이제현이에요.

이제현은 1301년, 15세의 나이로 과거에 급제했어요.

1314년에는 원나라에 머물던 충선왕의 부름을 받고 연경으로 갔어요.

이때 염복, 조맹부, 요수, 원명선 등 중국의 대학자들과 사귀고

중국 곳곳을 두루 여행하면서 견문을 넓혔어요.

공민왕이 이런 이제현을 모를 리 없었어요.

'개혁 정책을 펼치려면 주변에 뛰어난 신하들이 많아야 해.'

공민왕은 이제현을 정승 자리에 앉혔어요.

이제현은 성리학에 바탕을 두고 개혁을 이루어 나갔어요.

"원나라를 인정하면서 차츰차츰 우리의 자주성을 되찾도록 해야 합니다."

1353년, 이제현은 과거를 실시하여 나중에 새로운 개혁 세력을

이끌게 될 이색을 비롯하여 젊은 관리 35명을 뽑았어요.

1357년, 관직에서 물러난 뒤에는 공민왕의 자문 역할을 했어요.

또한 홍건적의 침입으로 불타 없어진 역사 자료를 보충하기 위해

〈국사〉를 쓰기도 했어요.

이제현은 충렬왕에서 공민왕까지 일곱 임금을 거치며 벼슬을 했어요.

그런데 단 한 번도 잘못한 적이 없는 훌륭한 정치가였어요.

또한 냉정하면서도 원칙을 잃지 않는 사람이었지요.

이 같은 그의 인품은 공민왕이 초기에 개혁 정책을 이끌어 가는 데

큰 도움이 되었어요.

공민왕 초기의 개혁 정책을 이끈 사람이 이제현이었다면,

후기의 개혁 정책을 이끈 사람은 승려 신돈이었어요.

공민왕이 신돈을 처음 만난 것은 1358년의 일이었어요.

공민왕은 불교에 큰 관심을 갖고 있어

신돈을 높이 평가하며 조언을 얻곤 했어요.

'학문이 깊고 생각이 크신 스님이구나!'

이렇게 생각한 공민왕은 신돈을 궁궐로 불러들여

개혁 정책을 펼치게 했어요.

"제가 스님에게 정책을 맡긴 것은 조정 대신들이

모두 학자들이기 때문입니다."

"그들을 견제하며 개혁을 잘 펼치라는 말씀이지요?"

공민왕은 신돈에게 큰 벼슬을 내리고

중요한 나랏일을 모두 결정할 수 있는

권력을 주었어요.

"스님, 고려를 일으켜 세우기 위해 무엇을 해야 합니까?"

"억울하게 노비가 되어 한을 품고 사는 백성들, 땅을 빼앗겨 굶주리고
있는 백성들을 돌보는 것이 나랏일의 으뜸입니다."

신돈은 1366년 5월, 전민변정도감이라는 기관을 만들어 귀족들이
빼앗은 토지를 원래 주인에게 돌려주고, 억울하게 노비가 된 사람들을
양민으로 풀어 주었어요.

신돈의 개혁 정책에 세상 사람들은 깜짝 놀랐어요.

"신돈 스님은 부처님일세!"

반대로 양반들은 '요망한 중이 나라를 망치고 있다!'라고 헐뜯었어요.

신돈은 승려였지만 유학의 발전에도 앞장섰어요.

"공자님은 천하의 스승이오.

공자님의 가르침을 따르는 유학자를 길러 내야 나라가 발전합니다."

신돈은 성균관을 운영하여 젊은 유학자들을 키워 냈어요.

그러나 이런 신돈도 한계를 보이기 시작했어요.

막강한 권력을 누리게 되자, 스님의 본분을 잊고 술과 여자에 빠져

타락한 모습을 보이기 시작했어요.

결국 공민왕은 1371년, 신돈에게 반역죄를 씌워 죽였어요.

이로써 신돈의 개혁 정책은 6년 만에 끝이 났어요.

성균관은 고려 말과 조선 시대 최고의 교육 기관이었대.

▲ 고려 개경의 성균관

무너지는 공민왕

공민왕은 홍건적의 침입과 반란으로 어려움을 겪었어요.

또한 남해안과 경상도 일대에는 왜구가 들끓어 백성들이 시달렸어요.

엎친 데 덮친 격으로 왕후인 노국대장 공주가 세상을 떠나고 말았어요.

"왕후가 죽다니, 어떻게 된 일이냐?"

"아기를 낳다가 그리되었습니다."

노국대장 공주가 죽자 공민왕은 매우 슬퍼했어요.

노국대장 공주도 죽고 믿었던 신돈마저 없애야 했던 공민왕에게

이제 예전과 같은 강한 개혁 의지나 높은 이상은 남아 있지 않았어요.

▲ 노국대장 공주와 공민왕

노국대장 공주는 항상 공민왕 곁에서 그의 활동을 지지해 줬대.

▲ 개성 봉명산에 있는 공민왕과 왕비의 능

공민왕이 날마다 술과 여자에 빠져 살자 신하들은 크게 걱정했어요.

"고려가 일어선다 싶었는데, 다시 내리막길로 가는구려!"

"왕후 마마만 살아 계셨어도 이런 일은 없었을 겁니다."

술에 취해 잠든 공민왕은 홍륜 등에게 죽임을 당하고 말았어요.

고려를 다시 일으켜 세우려던 공민왕의 높은 꿈은 꺾여 버렸어요.

이제 고려 왕조의 운명은 점점 막바지를 향해 치닫고 있었어요.

원나라를 지배했던 기 황후

고려의 왕들은 원나라 공주와 혼인을 하는 경우가 많았어요.

반대로 고려 사람 중에도 원나라 황실로 시집을 가는 사람이 있었어요.

당시 원나라는 고려에 공녀를 요구했어요.

'공녀'는 원나라에 바치던 여자를 이르는 말이에요.

고려 사람들은 딸을 공녀로 보내지 않으려고 절에 보내기도 하고,

어린 나이에 시집을 보내기도 했어요.

공녀 제도는 원나라가 망한 뒤에도 계속되었어요.

조선까지 이어지다가 중종 때 이르러서야 비로소 중단되었지요.

공녀로 끌려간 고려 처녀들은 원나라 귀족 집에서 하녀로 일했어요.

기 황후도 그런 공녀 중에 한 사람이었어요.

기씨는 총명하고 얼굴이 예뻐서 원나라 황제 순제의 후궁이 되었어요.

얼마 뒤 기씨는 순제의 아들을 낳았어요.

순제는 이런 기씨를 황후의 자리에 앉히고 싶었어요.

그러자 신하들이 반대하고 나섰어요.

"고려 사람인 기씨를 황후에 올릴 수는 없습니다."

하지만 순제는 기씨를 황후의 자리에 앉혔어요.

이때가 1340년이었어요.

원나라에서는 황후를 여러 명 둘 수 있었어요.

기씨는 두 번째 황후였어요.

첫 번째 황후가 세상을 떠나자, 기 황후가 첫 번째 황후가 되었어요.

또한 기 황후의 아들은 황태자가 되었지요.

이때부터 기 황후는 약 30년 동안 원나라를 지배했어요.

기 황후의 힘은 순제보다도 강했어요.

'아예 순제를 쫓아내고 우리 아들을 황제로 세워야겠다.'

하지만 순제를 쫓아내는 일이 생각처럼 쉽지 않았어요.

그래서 순제를 허수아비 황제로 세워 놓고 아들인 황태자가 황제의 권한을 차지하도록 만들었어요.

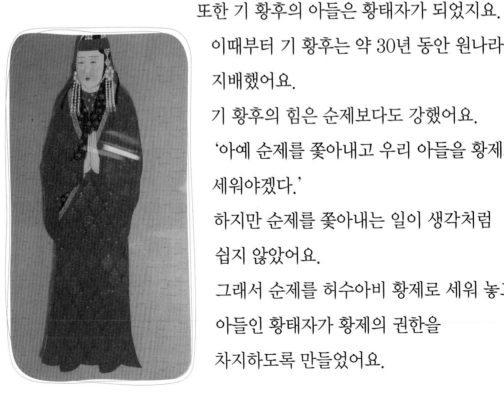

▲ 기 황후

31

원나라가 중국을 다스린 기간은 약 100년이에요.

그 가운데 후반기 30년은 기 황후가 다스렸어요.

기 황후는 고려 사람이기 때문에 고려 조정에 커다란 영향을 끼쳤어요.

기 황후의 오빠인 기철은 고려에서 가장 강한 권력자가 되었지요.

그러나 기 황후가 원나라를 다스린 지 20년쯤 흘렀을 때,

홍건적이 일어나 원나라 군대와 싸웠어요.

기 황후는 1368년에 홍건적을 피해 북쪽으로 피난을 떠났어요.

이후 기 황후의 아들 아유르시리다르가 황제가 되었어요.

실리와 자주, 벼랑 끝 외교 전술

일제 식민 사학자들은 우리 역사가 늘 침략만 받은 것으로 보았어요. 그러다 보니 민족 주의 사학자들은 침략보다 저항의 측면에 더 비중을 두었지요. 하지만 송나라와 거란, 여진이 서로 싸우던 중국은 고려를 침략하기보다는 고려의 힘을 빌리려 했어요.

❋ 고려의 실리 외교

고려의 대외 관계 정책을 알려면 당시 중국의 상황을 먼저 알아야 해요. 한족 이 세운 송나라는 거란이 세력을 키우 는 것을 막고 중원을 지키기 위해 고려 와 손을 잡으려고 했어요.

반대로 거란과 여진족은 고려를 힘으로 누르거나 영토를 제공하면서 송나라와 관계를 끊게 하려고 했어요.

그러나 고려는 이 속셈을 눈치챘기 때 문에 어느 한쪽하고만 관계를 맺지 않 고 고려에 유리한 방향으로 외교 정책 을 취하여 실리를 찾았어요.

▲ 서희 장군 묘

❋ 실리 외교로 얻은 강동 6주

993년 고려를 침략한 거란의 소손녕과 만난 서희 장 군은 고려가 송나라와 외교를 끊는 것이 거란의 목적 임을 알고 그 요구를 들어주었어요. 그 대가로 고려는 강동 6주를 얻었고요. 하지만 일제 식민 사학자들은 고려가 거란의 침입으로 입은 피해만 강조했어요. 강 동 6주를 얻은 것은 고려에 큰 이득이 되는 것이었어 요. 이것은 실리적인 고려 대외 정책의 특성을 잘 보 여 주는 것이지요.

🌸 원나라에 대한 항쟁과 강화

무신 정권이 집권했던 1218년부터 1259년 원나라와 강화를 맺기까지 고려는 원나라에 철저히 저항했어요. 당시 원나라의 칭기즈 칸은 6사(입질, 호구 조사, 식량 바치는 일, 군사 제공, 몽골 관리 주둔, 역참 설치)의 조건을 받아들이지 않으면 무자비하게 죽이고 파괴했어요.

고려가 이 조건을 들어주지 않고 전쟁이 길어지자 몽골은 1259년 고려 왕이 몽골 황제에게 굽힐 것과 강화도에서 개경으로 환도하는 두 가지 조건으로 강화를 맺었어요. 하지만 고려 고종은 끝내 굽히지 않았어요.

▲ 강화산성

🌸 벼랑 끝 외교

강화도에서 개경으로 환도한 1270년대 이후의 약 80년간을 원나라 간섭기라고 해요. 그러나 원나라 간섭기에도 몽골의 6가지 조건 가운데 제대로 지켜진 것은 왕족을 인질로 보내는 입질 정도였어요. 고려 왕족과 원나라 왕족이 혼인을 하고 거기서 태어난 왕족들이 원나라에서 교육을 받으며 성장한 뒤 고려의 국왕이 되었어요. 고려는 다른 조건들은 끝까지 받아들이지 않았어요.

나라의 이익을 생각해서 외교 정책을 편 거야.

한국사 돋보기

고려는 송나라의 원병 요청을 어떻게 거절했을까?

송나라가 고려에 원병을 요청하자 고려는 오히려 송나라에 사신을 보내 거란이 침입한 사실을 알렸어요. 그러고는 송나라에 원병을 요청했어요. 송나라는 당연히 원병을 보내 줄 수 없었고, 고려는 이것을 핑계로 송나라와 외교 관계를 끊어 버렸어요. 거란과는 송나라와 외교 관계를 끊는 조건으로 강동 6주를 얻어 냈지요.

외적의 침입과 새로운 세력의 출현

원나라의 힘이 약해지자 홍건적이 일어나 중국 땅에 다시 한족의 나라인 명나라를 세웠어요. 홍건적이 고려를 침입하자 최영, 이성계 등 신진 사대부가 물리쳤어요. 게다가 고려에 자주 침입하는 왜구를 물리친 공으로 이성계 일파의 힘은 점점 강해졌어요.

❀ 홍건적을 물리치다

원나라는 14세기에 들어 왕위 계승을 둘러싸고 다툼이 일어나 힘이 약해졌어요. 거기에 천재지변과 전염병까지 돌아 백성들의 삶이 어려워지자 백련교도가 1351년에 홍건적의 난을 일으켰어요. 홍건적의 장수였던 주원장은 남경을 근거지로 하여 양쯔 강 유역을 통일하는 데 성공하였고, 1368년에 명나라를 세웠어요.

홍건적은 고려를 침략해 두 차례나 서경과 개경을 무너뜨렸지만 정병관, 최영, 이성계 등이 홍건적을 물리쳤어요. 이때부터 이성계, 최영 등의 신진 사대부 세력이 힘을 얻기 시작했어요.

▲ 공민왕이 홍건적을 피해 머물던 영국사

❀ 왜구의 침략과 고려의 대응

왜구란 13세기부터 16세기까지 한반도와 중국 땅의 해안가나 일부 내륙 및 동아시아 지역을 침략해 약탈하고 사람들을 잡아가며 몰래 무역을 행하던 왜인들로 이루어진 해적을 가리켜요.

당시 일본은 중앙의 막부가 힘을 잃어 전국이 분열된 혼란한 시기였어요. 그래서 백성들의 생활이 어려워지자 일본 해안가에 사는 무사나 농민, 어민 가운데 해적이 되는 자들이 많이 생겨났어요.

왜구는 막부의 힘이 잘 미치지 못하고 고려와 가까운 쓰시마 섬, 이키 섬, 마쓰우라 등지에서 활동했어요. 주로 식량을 빼앗아 갔지요. 왜구를 물리친 공으로 최영, 이성계 등의 힘은 더 강해졌어요.

▲ 고려군이 입던 갑옷

충숙왕 퇴위, 충혜왕 즉위 **➜ 1330**

충숙왕 복위 **➜ 1332**

1338 ⬅ 일본, 무로마치 막부 성립
영국·프랑스 백년 전쟁(~1453)

충혜왕 복위 **➜ 1339**

이제현

고려 말기 이름난 명문장가로 정주학의 기초를 닦았어요. 원나라 조맹부의 서체를 고려에 들여왔으며, 고려의 민간 가요 17수를 한시로 번역했어요.

1340

이제현 〈역옹패설〉 지음 **➜ 1342**

1347 ⬅ 유럽에 페스트 유행

… 개혁 정치에
… 을 준 학자야.

1350 ⬅ 시암, 아유타야
왕조 세움

1353 ⬅ 이탈리아 보카치오
〈데카메론〉 완성

정동행성, 쌍성총관부 철폐 **➜ 1356 ⬅** 황금 문서 발표

홍건적의 침입(~1361) **➜ 1359**

티무르

티무르 왕조의 제1대 황제예요. 옛 몽골 제국 영토의 대부분을 차지하는 대제국을 건설했으며, 학예를 장려하고 이슬람교를 널리 전했어요.

1360

문익점, 원에서 목화씨 가져옴 **➜ 1363**

승려 신돈을 국정에 참여하게 함 **➜ 1364**

1368 ⬅ 명나라 건국

1369 ⬅ 중앙아시아 티무르 제국 세움

공민왕 죽음 **➜ 1374**

지

티무르는
학자와 문인을
보호하고 산업을
장려했어.